THE WEAPONS ENCYCLOPÆDIA
TANK AIRCRAFT AFV SHIP ARTILLERY VEHICLES SECRET WEAPON

TWE-016 ITA

🇬🇧 MATILDA MK II TANK

THE WEAPONS ENCYCLOPAEDIA

EDITORIAL STAFF
Luca Cristini, Paolo Crippa.

REDAZIONE ACCADEMICA
Enrico Acerbi, Massimiliano Afiero, Aldo Antonicelli, Ruggero Calò, Luigi Carretta, Flavio Chistè, Anna Cristini, Carlo Cucut, Salvo Fagone, Enrico Finazzer, Björn Huber, Andrea Lombardi, Aymeric Lopez, Marco Lucchetti, Luigi Manes, Giovanni Maressi, Francesco Mattesini, Federico Peirani, Alberto Peruffo, Maurizio Raggi, Andrea Alberto Tallillo, Antonio Tallillo, Massimo Zorza.

PUBLISHED BY
Luca Cristini Editore (Soldiershop), via Orio, 35/4 - 24050 Zanica (BG) ITALY.

DISTRIBUTION BY
Soldiershop - www.soldiershop.com, Amazon, Ingram Spark, Berliner Zinnfigurem (D), LaFeltrinelli, Mondadori, Libera Editorial (Spain), Google book (eBook), Kobo, (eBoook), Apple Book (eBook).

PUBLISHING'S NOTES
None of unpublished images or text of our book may be reproduced in any format without the expressed written permission of Luca Cristini Editore (already Soldiershop.com) when not indicate as marked with license creative commons 3.0 or 4.0. Luca Cristini Editore has made every reasonable effort to locate, contact and acknowledge rights holders and to correctly apply terms and conditions to Content. Every effort has been made to trace the copyright of all the photographs. If there are unintentional omissions, please contact the publisher in writing at: info@soldiershop.com, who will correct all subsequent editions.

LICENSES COMMONS
This book may utilize part of material marked with license creative commons 3.0 or 4.0 (CC BY 4.0), (CC BY-ND 4.0), (CC BY-SA 4.0) or (CC0 1.0). We give appropriate attribution credit and indicate if change were made in the acknowledgments field. Our WTW books series utilize only fonts licensed under the SIL Open Font License or other free use license.

CONTRIBUTORS OF THIS VOLUME & ACKNOWLEDGEMENTS
Ringraziamo i principali collaboratori di questo numero: I profili dei carri sono tutti dell'autore. Le colorazioni delle foto sono di Anna Cristini. Ringraziamenti particolari a istituzioni nazionali e/o private quali: Stato Maggiore dell'esercito, Archivio di Stato, Bundesarchiv, Nara, Library of Congress ecc. A P.Crippa, A.Lopez, L.Manes, C.Cucut, archivi Tallillo, Model Victoria (www.modelvictoria.it), per avere messo a disposizione immagini o altro dei loro archivi.

For a complete list of Soldiershop titles, or for every information please contact us on our website: www.soldiershop.com or www.cristinieditore.com. E-mail: info@soldiershop.com. Keep up to date on Facebook & Twitter: https://www.facebook.com/soldiershop.publishing

Titolo: **CARRO BRITANNICO MATILDA MK II** Code.: **TWE-016 IT**
Collana curata da L. S. Cristini
ISBN code: 9791255890157. Prima edizione settembre 2023
THE WEAPONS ENCYCLOPAEDIA (SOLDIERSHOP) is a trademark of Luca Cristini Editore

THE WEAPONS ENCYCLOPÆDIA
TANK AIRCRAFT AFV SHIP ARTILLERY VEHICLES SECRET WEAPON

CARRO BRITANNICO MATILDA MK II

LUCA STEFANO CRISTINI

BOOK SERIES FOR MODELERS & COLLECTORS

INDICE

Introduzione 5
- Lo sviluppo e il progetto 5
- Caratteristiche tecniche 9

Impiego operativo 23
- Battaglia di Francia 1940 23
- Campagna del Nord Africa 23
- Campagne minori 29
- Altri utilizzi 30
- Dopo la Seconda Guerra Mondiale 30

Mimetica e segni distintivi 41
- Colorazione teatro europeo e metropolitano 41
- Colorazione teatro medio orientale e nord africano 42
- Colorazione estremo oriente 42

Versioni del veicolo 47

Scheda tecnica 52

Bibliografia 58

▼ Matilda Mk. II esposto al Base Borden Military Museum.

INTRODUZIONE

Il Matilda MK II, conosciuto anche come Matilda Senior, è stato un iconico carro d'assalto di fanteria britannico della Seconda Guerra Mondiale, noto per la sua straordinaria corazza e il suo ruolo cruciale nella Campagna del Nord Africa. Sebbene fosse relativamente lento e avesse un'armamentista modesta, la sua resistente corazza lo rendeva virtualmente invulnerabile alla maggior parte dei cannoni anticarro dell'epoca. Nacque per rimpiazzare l'inadeguato Matilda MK I.

La sua importanza storica si riflette nella sua longevità, rimanendo in servizio continuo dall'inizio alla fine della Seconda Guerra Mondiale. Oggi, i carri Matilda II preservati in musei e collezioni private rappresentano un ricordo tangibile di un'epoca importante nella storia dei veicoli corazzati. Un'icona del coraggio e dell'ingegnosità delle forze alleate durante la Seconda Guerra Mondiale, rimarrà per sempre una parte significativa della storia militare britannica.

■ LO SVILUPPO E IL PROGETTO

Le origini del carro Matilda possono essere fatte risalire al periodo successivo alla crisi finanziaria del 1929. La sua prima incarnazione, nota come Carro Medio Mk.I, è emersa nel 1936, sebbene sia stata subito considerata inadatta per le operazioni effettive in campo di battaglia. Allo stesso tempo, nel 1936, è stata introdotta la specifica A.12, che richiedeva un carro più grande e meglio armato, prendendo ispirazione dal prototipo A.7 precedente. L'A.12 differiva significativamente dal suo omologo più piccolo in vari aspetti, tra cui dimensioni, peso, trasmissione, armamento e configurazione dell'equipaggio.

Il Matilda, introdotto inizialmente nel 1937, vantava una presenza relativamente modesta con solo due unità in servizio attivo quando scoppiò la Seconda Guerra Mondiale nel settembre 1939. Succes-

▲ Il Matilda Mk I A11 E1 è considerato il progenitore dell'assai più famoso matilda Mk II che, a parte il nome, erediterà ben poco d'altro da questo mezzo. Colorazione dell'autore.

sivamente, la domanda per questo formidabile carro crebbe, portando a una serie di ordini di produzione da parte di vari produttori.

Il suo percorso di sviluppo ebbe inizio nel 1936 con la specifica A12, mirata a creare un carro armato dotato di cannone che andasse a sostituire l'Infantry Tank Mark I A11, con il quale, curiosamente, condivideva il nome Matilda. Inizialmente, l'A12 veniva chiamato Matilda II o Matilda Senior per distinguerlo dal suo predecessore più piccolo. Tuttavia, dopo l'abbandono della variante Mark I nel 1940, acquisì il nome universale di "Matilda".

La nomenclatura di questo carro, in particolare per quanto riguarda i due tank di cui stiamo parlando, il Mark I e Mark II, ha subito un'evoluzione piuttosto complicata: prima del 1941, diverse fonti facevano riferimento esplicito all'Infantry Tank Mark I come il Matilda, spesso con variazioni di nome diverse; ma fu solo dopo il giugno 1941 che questo carro ricevette la designazione ufficiale di Matilda. Mentre il più noto Infantry Tank Mark II venne analogamente etichettato anch'esso come Matilda, con considerazioni sulla sua riclassificazione come Matilda II.

Nonostante queste complessità nella nomenclatura, è cruciale sottolineare che il carro Matilda e l'Infantry Tank Mark I (A.11) differivano significativamente sia in termini di design e sviluppo, condividendo fra loro solamente una vaga somiglianza visiva.

Il primo ordine del nuovo carro fu effettuato alla Vulcan Foundry, seguito poco dopo da un altro contratto assegnato alla Ruston & Hornsby. Gli sforzi congiunti di queste aziende, insieme all'ulteriore coinvolgimento di John Fowler & Co. di Leeds, London, Midland and Scottish Railway presso Harwich Works, Harland and Wolff e la North British Locomotive Company di Glasgow, portarono alla produzione di un numero totale davvero notevole di 2.987 carri Matilda. Questa produzione si estese fino all'agosto del 1943. La produzione più importante avvenne nel 1942, con ben 1.330 unità che uscirono dalle linee di montaggio. Tra queste, il modello Mark IV emerse come la variante più comune del Matilda.

▲ Un Matilda Mk I del 4° reggimento Ussari inglesi in Francia nel 1940. L'immagine di questo primo Matilda, assai eloquente, rivela con chiarezza quanto fosse angusto l'interno e sporgente la meccanica... Wikipedia

CARRO ARMATO MATILDA MK I A.11 DEL 4TH RTR IN FRANCIA, 1940

▲ Operai inglesi (si vedono anche due donne) impegnati nel montaggio di un Matilda. Colorazione dell'autore.

Tuttavia, il processo di produzione del Matilda non fu privo di sfide e complicanze: una su tutte, il muso appuntito del carro che veniva fuso come un unico pezzo. Questo, dopo la rimozione iniziale dallo stampo, risultava più spesso del dovuto in alcune aree. Quindi, per evitare aggiunte inutili al peso del carro, operai esperti erano incaricati del meticoloso processo di smerigliatura dello spessore in eccesso. Questo compito richiedeva precisione e ovviamente aggiungeva tempo al processo di produzione.

Inoltre, il complesso sistema di sospensione del carro e le coperture laterali del corpo costituite da più pezzi contribuivano ulteriormente alla complessità della produzione, richiedendo manodopera specializzata, col risultato, anche in questo caso, di allungare i tempi necessari per la produzione di ciascuna unità. Rivelatosi infine un veicolo relativamente costoso e impegnativo da produrre, oltre ad altre considerazioni, il carro cessò la sua produzione nell'agosto 1943 dopo che erano state prodotte quasi 3.000 unità. Nonostante questi problemi, la straordinaria corazza e le capacità del Matilda lo resero un prezioso *asset* per l'esercito britannico durante la Seconda Guerra Mondiale.

CARATTERISTICHE TECNICHE

Il formidabile carro d'assalto britannico si distingueva per le sue imponenti caratteristiche e la protezione corazzata senza eguali. Con un peso di circa 27 tonnellate, questo carro vantava un livello di protezione del mezzo senza pari nel suo periodo. Armato con un cannone anticarro Ordnance QF da 2 libbre (40 mm), alloggiato in una versatile torretta a tre uomini, rappresentava, al tempo della sua apparizione, una presenza formidabile sul campo di battaglia.

La torretta, in grado di ruotare completamente di 360 gradi, presentava un motore idraulico e un'operatività manuale, offrendo una assai buona flessibilità nel mirare. Il cannone stesso poteva essere elevato in un'arcata che variava da -15 a +20 gradi. Tuttavia, uno dei difetti più notevoli del Matilda II era la mancanza di un proiettile esplosivo ad alto potenziale a disposizione del suo cannone principale. Sebbene fosse stato progettato un proiettile esplosivo per il cannone da 2 libbre, esso venne raramente utilizzato a causa della sua ridotta carica di esplosivo. Di conseguenza, il carro spesso doveva fare affidamento sulla sua mitragliatrice per impegnare efficacemente bersagli non corazzati.

Per quanto riguarda la disposizione, il Matilda II seguiva una configurazione convenzionale. Il compartimento del conducente occupava la parte anteriore dello scafo del carro, mentre la camera di combattimento centrale ospitava la torretta. Il motore e la trasmissione trovavano posto nella parte posteriore. L'accesso alla posizione del conducente avveniva tipicamente attraverso un unico portello sul tetto, protetto da un coperchio corazzato ruotabile che poteva essere bloccato nelle posizioni completamente aperte o chiuse. Inoltre, un portello di fuga di dimensioni considerevoli sotto il sedile del conducente fungeva da uscita d'emergenza. Il conducente godeva di una finestra di visione diretta con uno scudo corazzato a funzionamento manuale e un unico periscopio Mk IV per l'uso quando il carro era chiuso.

▲ Bella vista di un'officina di produzione del Matilda in Gran Bretagna nel 1941.

CARRO ARMATO MATILDA MK II MODELLO PROTOTIPO, 1939

La straordinaria corazza del Matilda era una caratteristica distintiva del carro britannico, con la superficie anteriore debolmente inclinata, che vantava uno spessore fino a 78 mm (3,1 pollici). Le piastre anteriori, sia superiori che inferiori, erano leggermente più sottili ma strategicamente ben angolate per la protezione. I lati dello scafo variavano da 65 a 70 millimetri (2,6 a 2,8 pollici), mentre la corazza posteriore, che proteggeva il motore dai lati e dalla parte posteriore, misurava 55 millimetri (2,2 pollici).

Per questo motivo in particolare si distingueva dai suoi contemporanei avversari, come i carri tedeschi Panzer III e Panzer IV, che presentavano solitamente corazze dello scafo comprese tra 30 e 50 millimetri (1,2 e 2,0 pollici). Anche il formidabile T-34 sovietico, noto per la sua resistente corazza, aveva tra 40 e 47 millimetri (1,6 e 1,9 pollici) di corazza, sebbene inclinata a 60 gradi. La pesante corazza del Matilda, combinata al suo design unico influenzato dai concetti di Christie, le valse soprannome di "Regina del Deserto" nei primi anni della Seconda Guerra Mondiale.

Tuttavia, questo fatto comportava dei problemi: l'enorme peso della corazza del carro ebbe un inevitabile costo in termini di mobilità. La sua velocità media era limitata a circa 6 miglia all'ora (9,7 km/h) su terreno desertico e 16 miglia all'ora (26 km/h) su strade. Questa velocità da lumaca venne principalmente attribuita a un problematico sistema di sospensioni e a un motore relativamente sottodimensionato.

L'unità di potenza del Matilda era composta da due motori a sei cilindri AEC collegati a un unico albero, un'impostazione complessa che presentava sfide di manutenzione. Tuttavia, aveva almeno il vantaggio di offrire una certa ridondanza, consentendo al carro di continuare a funzionare anche se uno dei due motori avesse avuto dei problemi. La potenza dei motori veniva trasmessa attraverso un cambio epicoilico a sei marce Wilson, azionato mediante aria compressa.

La torretta cilindrica a tre uomini del carro era posizionata su un supporto ad anello a cuscinetti a sfera, con una spessa protezione uniforme di 75 mm (2,95 pollici) tutto intorno. All'interno della torretta, il puntatore e il comandante stavano seduti in una disposizione scalata sul lato sinistro del cannone, mentre

▲ Vista di fianco di una Matilda II nel 1940/1941.

CARRO ARMATO MATILDA MK II DEL 7TH RTR 1ST ARMY TANK BRIGADE, FRANCIA, MAGGIO 1940

▲▼ Sopra una superba immagine di un Matilda II nel deserto nord africano. Sotto una immagine curiosa, un trasporto britannico "Scammell" carica un Matilda già catturato dai tedeschi e ora recuperato.

MATILDA MK II TANK

CARRO ARMATO MATILDA MK II IN FRANCIA, MAGGIO 1940

il caricatore occupava il lato destro. Il comandante poteva godere di una cupola rotante con un coperchio a due pezzi e un unico periscopio panoramico Mk IV installato nella porta di accesso rivolta in avanti. Lo stesso dispositivo era montato in posizione fissa nel tetto della torretta, migliorando la consapevolezza della situazione e le capacità di ricerca del bersaglio del puntatore. L'accesso del caricatore avveniva attraverso un unico portello rettangolare nel tetto della torretta sul lato destro. La torretta includeva anche un cesto porta munizioni e presentava un sistema di rotazione elettrica per le operazioni normali, supportato da un meccanismo di emergenza manuale operato meccanicamente.

Il tetto del carro, compreso il tetto della torretta e il ponte motore, manteneva uno spessore costante di 20 millimetri (0,79 pollici). Lo spessore complessivo della corazza variava da IT.80 a IT.100.

Il sistema di sospensioni del carro si basava su un design di Vickers sviluppato per il prototipo Medium C nei primi anni '20. Esso faceva perno su cinque carrelli a doppia ruota su ciascun lato, con quattro di essi accoppiati su bracci oscillanti dotati di una molla a spirale orizzontale comune. Il quinto carrello posteriore era sospeso contro un supporto dello scafo. Un "rullo di supporto" a molla verticale era posizionato tra il primo carrello e la ruota motrice, allo scopo di aiutare ulteriormente il carro a superare terreni difficili. Inizialmente, i Matilda avevano rulli di ritorno, che vennero successivamente sostituiti con skid di tracciamento più gestibili per facilitare la produzione e la manutenzione sul campo.

In termini di armamento, la torretta conteneva l'arma da fuoco principale, con la mitragliatrice posizionata sulla destra all'interno di una corazza interna rotante. La rotazione della torretta era realizzata attraverso un sistema idraulico. Lo schema di mimetizzazione del carro, nasceva da un idea creativa unica del Maggiore Denys Pavitt del Camouflage Development and Training Centre. Incorporava colori a blocchi, suddividendo visivamente il carro a metà per un maggiore resa della mimetica grazie a pattern innovativi sul campo di battaglia.

▲ Prototipo del Matilda nel 1939 durante le prove di test.

Il design del Matilda incorporava anche caratteristiche uniche, come il "campanello delle porte" vicino agli scarichi, progettato per facilitare la comunicazione con la fanteria che operava fuori dal carro.

Nel tempo, infine, alcune caratteristiche si evolvevano o venivano sostituite, come la transizione dalla configurazione con tre rulli di ritorno alla configurazione con pattini per cingoli più gestibili e la sostituzione delle cinture di cuoio con una struttura tubolare in metallo sulla torretta.

▲ Diverse immagini dei carri Matilda II in Africa; sopra: insieme al trasporto Scamell.

▲ Matilda II in forza alla BEF in Francia nel 1940, colpito da un carro tedesco prende fuoco. Sopra: Matilda nel Nord della Francia, 1940.

MATILDA MK II DEL 42ND RTR, 1ST ARMY TANK BRIGADE - LIBIA, NOVEMBRE 1941

▲ Un Matilda II distrutto in pieno deserto. Nonostante la potente corazza, subire un colpo ai cingoli era letale anche per la regina del deserto. L'avvento poi dei pezzi tedeschi da 88 fece la differenza.

MATILDA MK II CATTURATO DALLE TRUPPE TEDESCHE E RIUTILIZZATO, LIBIA, BARDIA 1941

▲ Un carro inglese Matilda II catturato dai tedeschi che lo caricano su un loro trasporto.

▼ Altro Matilda catturato dai tedeschi (forse in Russia) e visionato da truppe del genio.

▲ La mimetica dei Matilda II, come nel caso di questo conservato al museo di Bovington, era molto curiosa.

▲ Un Matilda Tank II viene caricato su un trasportato per essere porato in zona operativa del deserto del Nord Africa. Estate del 1942.

IMPIEGO OPERATIVO

Entrato in servizio operativo nel 1939, con solo 2 esemplari attivi allo scoppio della Seconda Guerra Mondiale in settembre, fu utilizzato ampiamente durante la Guerra del Deserto, in particolare in Nord Africa, dove, come già detto, si guadagnò il soprannome di "Regina del Deserto".

■ BATTAGLIA DI FRANCIA 1940

Il Matilda debuttò in combattimento durante la Battaglia di Francia nel 1940. Dei carri d'assalto di fanteria britannici schierati, solo 23 erano Matilda II, mentre gli altri erano i più piccoli carri Matilda A11 armati solo con mitragliatrici. Nonostante il suo cannone da 2 libbre, paragonabile ai cannoni di altri carri dell'epoca, come già espresso, il Matilda II era noto per la sua formidabile protezione corazzata, che lo rendeva in gran parte immune, sebbene non invulnerabile, ai cannoni anticarro e ai cannoni tedeschi in Francia. I cannoni anticarro tedeschi da 88 mm si rivelarono la misura più efficace contro di esso. Durante l'attacco di contromarcia ad Arras nel maggio 1940, i carri Matilda britannici ostacolarono momentaneamente il progresso tedesco, subendo tuttavia pesanti perdite. Alla fine, molti Matilda vennero abbandonati o distrutti per evitare la cattura mentre i britannici si ritiravano da Dunkirk.

■ CAMPAGNA DEL NORD AFRICA

Dopo l'evacuazione da Dunkirk, i carri Matilda II continuarono a servire con onore nel teatro nordafricano. La loro tradizionale combinazione di resistente corazza e potenza di fuoco modesta si rivelò efficace soprattutto contro i carri italiani, dotati principalmente di cannoni leggeri, tanto che il carro inglese si guadagnò un altro soprannome: "il Terrore dei Carri Italiani". Durante la Seconda Battaglia di El Ala-

▲ Furono numerosi i Matilda che finirono in mani tedesche, spesso anche in ottime condizioni, come quello mostrato nell'immagini e fotografato da ufficiali tedeschi.

MATILDA MK II DEL 7TH RTR, IN LIBIA, GENNAIO 1941

mein, il Matilda II contribuì significativamente alla vittoria alleata, impedendo efficacemente l'avanzata delle forze dell'Asse. Il carro era anche particolarmente apprezzato per la sua abilità a sopportare il clima e il terreno desertico dell'Africa settentrionale, dove altri carri potevano avere seri problemi meccanici. La sua lenta velocità operativa era meno problematica in un teatro di guerra caratterizzato da ampi spazi aperti. Inoltre, i britannici lo equipaggiarono con continui miglioramenti come un cannone da 2 libbre a canna lunga più potente, cosa che lo rendeva ancora più efficace contro i carri nemici.

Nord Africa 1940-1942: durante l'Operazione Compass, i Matilda della 7ª Divisione Corazzata britannica seminarono il caos tra le forze italiane. Almeno fino a tutto novembre 1941, i rapporti di combattimento dell'esercito tedesco indicavano la difficoltà nel fronteggiare i Matilda. Tuttavia, la lentezza del Matilda e la scarsa manovrabilità divennero alla fine problematici nella guerra nel deserto. Quando arrivò il celebre Afrika Korps guidato dal maresciallo Rommel, per il Matilda si mise male ed iniziò a subire perdite sempre più pesanti a causa dell'artiglieria contraerea da 88 mm, estremamente efficace nel deserto, e delle armi controcarro più potenti. Nonostante tutte queste nuove sfide, i Matilda svolsero un ruolo cruciale nell'Operazione Crusader, contribuendo alla liberazione di Tobruk e alla cattura di Bardia.

Successivamente, in Nord Africa: man mano che l'esercito tedesco riceveva carri armati sempre più avanzati e armi controcarro, l'efficacia del Matilda diminuiva. Test di tiro condotti dall'Afrika Korps rivelarono chiaramente le vulnerabilità a diverse armi tedesche. I tentativi di potenziare il Matilda si rivelarono infine impraticabili a causa delle dimensioni della torretta. Venne quindi operata l'introduzione del carro armato Valentine, la quale offriva un'alternativa più veloce e economica, portando al progressivo ritiro dei Matilda per usura e obsolescenza. All'epoca della Seconda Battaglia di El Alamein nell'ottobre 1942, rimanevano soltanto pochi Matilda in servizio, alcuni dei quali riconvertiti in carri spazzini per pulire gli enormi campi minati piazzati dalle forze dell'Asse in tutto il deserto.

▲ Un Matilda II corre trionfale verso le sue posizioni con una bandiera italiana appena catturata.

▲ Un Matilda non Matilda... Si tratta infatti di un carro medio italiano mimetizzato con del compensato proprio allo scopo di non essere bersagliato dalle forze nemiche.

▲ Un Matilda, già utilizzato dalle forze tedesche, è ricatturato, e il suo equipaggio viene fatto progioniero da truppe neozelandesi il 3 dicembre 1941 durante l'operazione Crusader vicino a Tobruk (colorazione dell'autore).

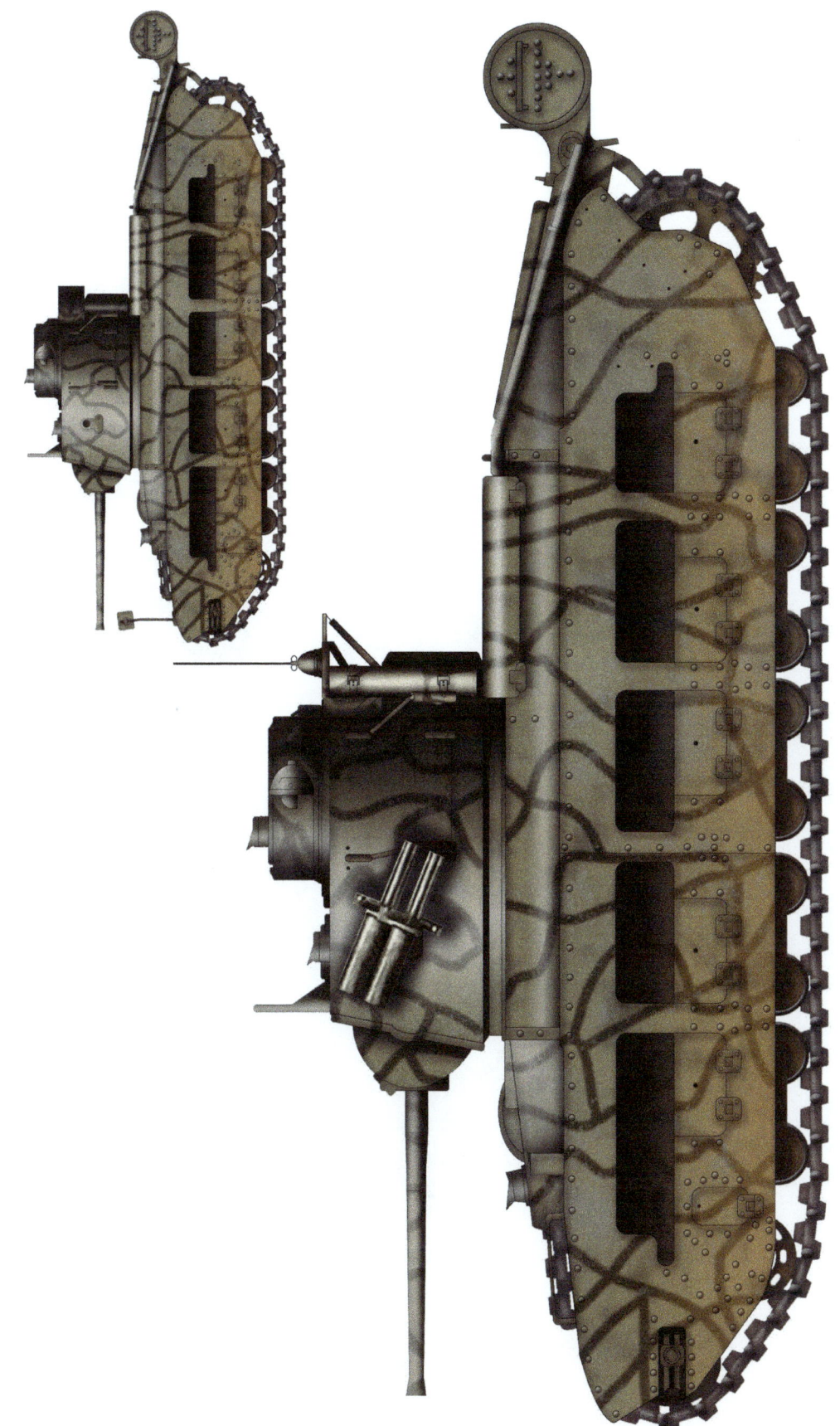

MATILDA MK II DEL 4TH MALTA TANK INDIPENDENT, MALTA 1942

MATILDA MK II TANK

MATILDA MK III "GRIFFIN" DEL 4TH MALTA TANK INDIPENDENT, MALTA 1942

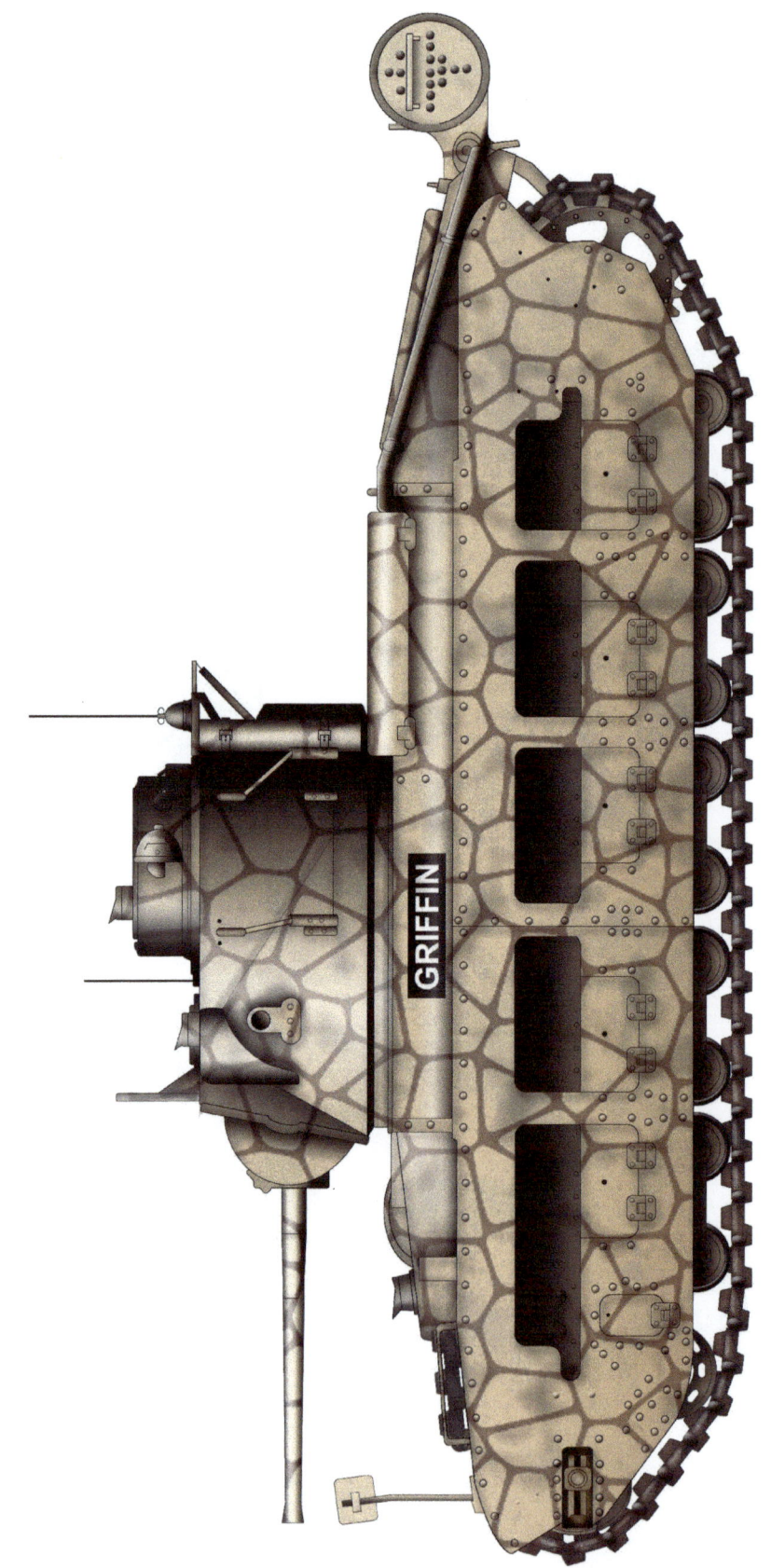

CAMPAGNE MINORI

All'inizio del 1941, i Matilda furono impiegati nella Campagna dell'Africa Orientale (nella feroce Battaglia di Keren), anche se il terreno limitava parecchio la loro efficacia. Durante la Battaglia di Creta, tutti i Matilda presenti andarono perduti nei combattimenti.

Impiego australiano nel Pacifico: l'esercito australiano ricevette un totale di 409 Matilda II dalla Gran Bretagna e altri 33 Matilda in qualità di supporto ravvicinato dalla Nuova Zelanda. Questi carri furono impiegati nell'area del Sud-Ovest del Pacifico, in particolare nelle campagne della penisola di Huon, di Bougainville e di Borneo. La loro pesante corazza si dimostrò ancora una volta preziosa nella guerra nella giungla. Alcuni Matilda furono modificati per ruoli specifici, come il Matilda Frog, armato di lanciafiamme, e il Matilda Hedgehog, in grado di sparare proiettili di mortaio.

Partecipazione alle operazioni alleate: il Matilda II ha continuato a essere utilizzato in altre campagne alleate, comprese operazioni in Grecia, Siria, Iraq e Malesia durante la Seconda Guerra Mondiale. Tuttavia, mentre continuava a dimostrare la sua robustezza e la sua efficacia, il Matilda II stava gradualmente lasciando il posto a carri più leggeri ed economici come il Valentine.

▲ Carro Matilda II del raggruppamento indipendente corazzato di stanza sull'isola di Malta. Notare la curiosa mimetica del mezzo, ben visibile anche nel profilo qui a sinistra.

ALTRI UTILIZZI

Impiego sovietico: l'Armata Rossa ricevette 918 Matilda dei 1.084 inviati all'URSS. I Matilda sovietici furono impiegati soprattutto durante la Battaglia di Mosca e nel corso del 1942, ma furono criticati per la loro nota lentezza e problemi di affidabilità. Furono allora apportate modifiche per migliorare la trazione, ma la maggior parte dei Matilda sovietici venne messa fuori combattimento o fermata entro il 1944.

Impiego di Matilda catturati dai tedeschi: dopo l'Operazione Battleaxe, i tedeschi ripararono e utilizzarono i Matilda catturati, designandoli come "Infanterie Panzerkampfwagen Mk.II 748(e)". Questi carri furono ben considerati dagli utilizzatori tedeschi, ma causarono parecchia confusione in battaglia.

Ci sono menzioni anche della cattura di alcuni Matilda sovietici da parte dei rumeni, anche se ciò non è ampiamente documentato.

Dopo la Seconda Guerra Mondiale

Dopo la fine della Seconda Guerra Mondiale, il Matilda II fu ritirato dal servizio attivo, ma continuò a venire utilizzato da alcune nazioni per scopi di addestramento o reso disponibile come equipaggiamento di surplus. Molti carri Matilda II vennero demoliti o ceduti a paesi alleati dopo il conflitto.

Anche se ad oggi non è rimasto alcun Matilda II in servizio operativo, diversi esemplari sono stati preservati in musei e collezioni private in tutto il mondo. Questi carri d'epoca continuano a testimoniare la loro importanza storica e le loro caratteristiche uniche nei confronti dei veicoli corazzati della Seconda Guerra Mondiale.

Utilizzo egiziano: l'Egitto impiegò i Matilda contro Israele durante la Guerra Arabo-Israeliana del 1948.

▲ Matilda II Mk.II 748(e) catturato e reimpiegato dalle forze tedesche dell'Afrika Korps.

MATILDA MK II "BEUTEPANZER" RIUTILIZZATO DAI TEDESCHI IN LIBIA, 1942

▲ Un Matilda II con la granitica torretta A.27 e un cannone più potente. Mezzo denominato Black Prince.

▲ Matilda russi messi fuori combattimento dai panzer tedeschi.

▲ Un Matilda australiano versione Frog lanciafiamme nelle campagne indonesiane nel 1945.

▲ Matilda australiani sbarcano a Toko Beach nel 1945.

▲ Vista del carro inglese Matila Mk II dall'alto.

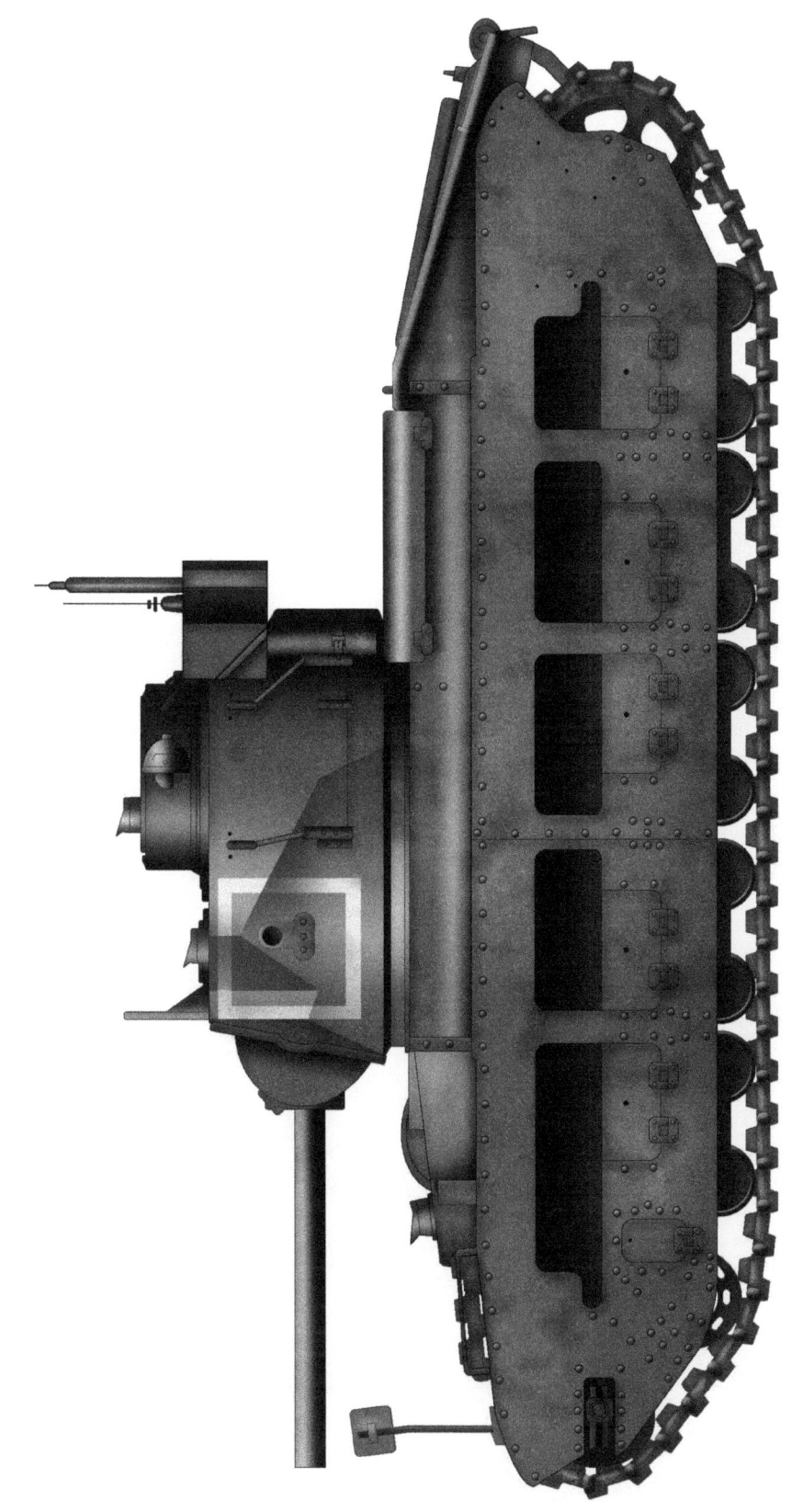

MATILDA MK II CS DEL 6TH ARMOURED DIVISION, GRAN BRETAGNA, ESTATE 1942

▲ Un Matilda II australiano armato di un obice maggiorato del 9th Armoured Regiment durante la battaglia di Tarakan nel maggio del 1945.

▼ Il Matilda lanciarazzi australiano detto "hedgehog".

▲ Il Matilda II venne molto usato nelle campagne del Borneo e Indonesia. Museo di Puckapunyal.

▼ Truppe australiane osservano un Matilda attraversare un ponte durante la campagna in Nuova Guinea.

▲ Vista del carro Matilda Mk II di fronte e di retro.

MATILDA MK II UNITÀ CORAZZATA CANADESE, GRAN BRETAGNA, ESTATE 1942

MATILDA MK IV "DEFIANCE" 4TH ROYAL A. REGIMENT, VIIITH ARMY - EL ALAMEIN, OTTOBRE 1942

MIMETICHE E SEGNI DISTINTIVI

I colori di fondo e le tinte mimetiche dei mezzi militari inglesi (AFV) durante la seconda guerra mondiale furono determinati da una serie di istruzioni del Consiglio dell'Esercito (ACI) e riversati su opuscoli di addestramento militare (MTP), con specifici ordini generali (GO) utilizzati in Medio Oriente. La vernice veniva fornita ai reparti premiscelata (PFU prepared for use) corrispondente a due standard britannici: il BS381C del 1930 e il BS987C degli anni 1942-45.

Le fotografie contemporanee e le testimonianze dei veterani confermano che, con qualche leggera variazione, questi ordini venivano per lo più rispettati rigidamente ma, per quanto riguarda i modelli usati, a volte c'erano delle piccole variazioni. Il regolamento, ad esempio, prevedeva un'immediata applicazione delle nuove norme, tuttavia, anche per esaurire le vecchie scorte di magazzino in tema di vernici, si optava spesso per il vecchio colore...

Questo fatto portò all'apparizione di colorazioni assai curiose a volte, spesso con risultati interessanti che coinvolgevano tutti e quattro i colori base.

COLORAZIONI TEATRO EUROPEO E METROPOLITANO

Subito dopo la fine della Prima Guerra Mondiale i veicoli e gli AFV continuarono ad essere verniciati come nel 1914-18. Negli anni '20 furono usati vari colori, principalmente gli scontati marroni, verdi e grigi. Ufficialmente questi venivano definiti "colori di servizio", difficili oggi da stabilire.

Tuttavia, nei primi anni '30 questi colori era principalmente un kaki chiaro o un ocra verdastro.

Gli interni dei veicoli erano sempre un color argento dagli anni '30 fino alla metà circa del 1940, quando venne utilizzato il bianco lucido per tutti. Subito dopo, e almeno fino agli inizi del 1939, il colore di servizio divenne un lucido *deep bronze green*.

Nei primi due anni di guerra, e più precisamente dal 1939 al 1941, venivano praticati sui mezzi militari dei motivi orizzontali/diagonali di due diversi tipi di verde. Il solito colore di base era il verde kaki con un disgregatore di verde scuro detto n. 4, o raramente verde chiaro n. 5, e in alternativa il *green 3*.

Dalla metà del 1940 il *dark tarmac* inizia a sostituirei due verdi nr. 4 e 5. Pare che questa scelta fosse motivata dalla necessità di preservare le scorte di ossido di cromo, elemento necessario per produrre colori forti e un certo grado di immunità agli infrarossi. Fra il 1941 e il 1942 i colori mimetici standard (SCC) del secondo standard britannico entrarono in uso fino a soppiantare, una volta esaurite le vecchie scorte di vernice, sia i verdi che il *dark tarmac*.

Tuttavia carenze di approvvigionamento e disponibilità, causate dalla scarsa reperibilità del pigmento verde, fecero cambiare il colore base in molti casi con del marrone, a sua volta scurito da un marrone scuro o in alternativa con del nero.

Nel periodo 1942-44 i diagrammi introdussero un nuovo schema a due toni utilizzando i marroni come da regolamento. Le versioni mimetiche più comuni al tempo erano del motivo "*foliage*" e /o "*dapple*".

Nel giugno 1943 il 1° Corpo canadese ricevette istruzioni di ridipingere tutti i veicoli con il colore base *light stone* o *Portland stone*, con varie aree di disturbo in basso sulla carrozzeria e sulla cabina in nero.

Ciò avvenne prima dello schieramento in Nord Africa per partecipare all'operazione Husky, nel luglio 1943. La riverniciatura includeva l'aggiunta di tondi chiari sul tetto per aiutare la RAF a riconoscere i veicoli amici.

Nel 1944-45 si passò all'uso dell'*olive drab* come nuovo colore di base, per eliminare la necessità di riverniciare i veicoli forniti dagli Stati Uniti. Dall'agosto 1944, quindi, tranne che sui veicoli già verniciati secondo i vecchi regolamenti, l'*olive drab* divenne il colore formale di base.

Durante la campagna d'Italia del 1943, molti veicoli utilizzarono gli schemi già indicati, ma altri invece risultavano verniciati secondo lo schema Africano-Mediorientale che utilizzava un colore base di "*light mud*" con audaci motivi in nero o verde oliva scuro.

Molti di questi veicoli furono poi riverniciati e, alla fine, la maggior parte del parco mezzi britannico fu uniformato con il rivestimento di base *olive drab*.

COLORI E MIMETICHE ESERCITO INGLESE WW2

Silver Grey Afrika-Balkan | Slate Afrika-Balkan | Light Stone Afrika-Balkan | Portland Stone Afrika-Balkan | Desert Pink Afrika-Balkan | Dark Olive Afrika-Balkan | Dark Gun Metal

Olive Drab Disruptive Europe | Blue Black Disruptive Europe | Light Mud Disruptive Europe | Brown Disruptive Europe | Dark Brown Disruptive Europe | Deep Bronze Green Disruptive Europe | Tommy Green

■ COLORAZIONI TEATRO MEDIORIENTALE E AFRICANO

Nel luglio 1939 il regolamento per questo settore strategico specificò un tono base detto *middle stone* con variazioni di *"dark sand"*. I carri armati del 6° RTC A9 iniziarono a usare la tinta *stone* e nel maggio del 1940 aggiunsero macchie di colore sabbia scura. Questo schema divenne comune in Egitto nell'estate del 1940. Nel biennio 1940-41 i mezzi vennero dipinti a tre toni di *light stone* o *Portland stone* come colore di base con striscie diagonali e aggiunte di *silver grey* e *slate* o ancora *green* 3 usati in diverse varianti. Uno schema usato in Sudan prevedeva il *light stone* o *Portland stone* con il marrone-viola chiaro al posto del grigio argento, e il *light stone* n. 61 al posto dell'ardesia per lo stesso modello.

Il modello bicolore basato su "Caunter" e utilizzato in Grecia nei mesi di aprile e maggio 1941 si otteneva utilizzando il *light stone* o l'ardesia o qualche altro colore sconosciuto. Il marrone-viola chiaro, insomma, era usato esclusivamente in Sudan. Nel dicembre del 1941 venne imposto sempre l'uso dei due colori *stone* a cui si aggiungeva però solo un eventuale terzo colore per la mimetica. In un primo tempo parve che fosse stata scelto il color ardesia, ma in seguito si notarono sempre più mezzi di colore verde o con mimetiche grigio argento o ancora il marrone. Vari reparti e brigate si adoperarono per scegliere una mimetica che li caratterizzasse le une dalle altre. Questo fatto continuò fino all'ottobre 1942, quando venne sviluppata una gamma Camcolor di colori a base d'acqua per tutti gli scopi mimetici.

Dall'ottobre 1942 nuovo contrordine: vennero annullati tutti i modelli precedenti per essere sostituiti da nuovi disegni standardizzati per alcuni tipi di AFV e classi di veicoli.

I nuovi colori che apparvero all'orizzonte furono: un tono base di *desert pink* con un motivo dirompente in *dark olive green*. Nero, marrone molto scuro e ardesia scuro erano le variabili alternative.

Questi nuovi schemi iniziarono ad apparire su Sherman, Grants, Valentines, Crusaders, Stuart; mentre i carri armati Churchill, dipinti nel Regno Unito con *light stone*, riportavano un motivo rosso-marrone nel motivo Crusader. Poiché il *desert pink* era un nuovo colore, il *light stone* continuò a essere utilizzato sui veicoli esistenti. Il *desert pink* veniva quindi utilizzato da solo come un unico tono su veicoli senza valore tattico. Dall'aprile 1943 il regolamento venne ancora una volta cancellato e nuovi modelli emessi con nuovi colori per l'utilizzo in Tunisia, Sicilia, Italia e tutto il Medio Oriente. Il tono di base divenne il *"light mud"* con nero o altro in motivi audaci usati per mimetizzarsi. Nel 1944, infine, anche nei veicoli del medio oriente predominavano i colori e gli schemi europei.

■ COLORAZIONI ESTREMO ORIENTE

Fino al 1943 i veicoli sembrano essere conformi agli standard del Regno Unito. Esistono immagini a colori di mezzi militari a Singapore nei colori *kaki green* e *dark tarmac*. All'inizio del 1943 venne introdotta la tinta *"jungle green"* da utilizzare come unico colore generale. Ma nel 1944 compare anche la *dark drab*. Nel 1944 esisteva una gamma di colori per scopi mimetici emessa dal SEAC a Ceylon (ora Sri Lanka), ma non ci sono prove che qualcuno di questi fosse inteso come colore dirompente. Dal 1943 al 1945 rimase un unico colore di base generale.

MATILDA MK II VARIANTE CON CANNONE DA 76 MM VERSIONE CARRO COMANDO - LIBIA 1942

▲ Il Matilda lanciarazzi studiato dall'esercito australiano e utilizzato nel Borneo e Indonesia.

▼ Un curioso Matilda, detto Canal Defence Light e opportunamente chiamato Dover...

MATILDA II MK IV IN SERVIZIO ALL'ARMATA ROSSA - DIFESA DI LENINGRADO, 1942

MATILDA MK II CS IN SERVIZIO COL V° CORPO MECCANIZZATO SOVIETICO 68ª ARMATA RUSSIA, 1943

VERSIONI DEL VEICOLO

La produzione del telaio del carro Matilda vide diversi adattamenti e derivati, ognuno progettato per scopi e ruoli specifici:

- **Carro d'Infanteria Mark II (Matilda II)**: il carro Matilda originale equipaggiato con una mitragliatrice Vickers.

- **Carro d'Infanteria Mark II.A (Matilda II Mk II)**: questa variante sostituì la mitragliatrice Vickers con una mitragliatrice Besa.

- **Carro d'Infanteria Mark II.A. (Matilda II Mk III)**: presentava un nuovo motore diesel Leyland per sostituire i motori AEC.

- **Carro d'Infanteria Mark II (Matilda II Mk IV)**: versione migliorata con motori più performanti, montaggio rigido e senza lampada in torretta.

- **Matilda II Mk IV Close Support (CS)**: variante equipaggiata con un obice QF da 3 pollici (76 mm) in grado di sparare proiettili esplosivi o fumogeni. Utilizzato per il fuoco diretto.

- **Carro d'Infanteria Mark II (Matilda II Mk V)**: questa versione presentava un cambio migliorato e l'uso di un servocomando dell'aria Westinghouse.

- **Matilda Baron I, II, III, IIIA**: telaio sperimentale Matilda con mine a catena, mai usato operativamente.

- **Matilda Scorpion I/II**: telaio Matilda equipaggiato con una catena a mina per operazioni di sminamento, utilizzato in Nord Africa, incluso durante la battaglia di El Alamein.

- **Matilda II CDL/Matilda V CDL (Canal Defence Light)**: una conversione tardiva con una torretta cilindrica contenente un potente proiettore di ricerca e una mitragliatrice BESA. Utilizzato per disorientare e confondere il nemico di notte.

▲ Matilda II versione lanciafiamme del 1st Australian Army, usato nel Borneo, giugno 1940. Museo di Puckapunyal.

- **(Prototipo) Matilda con torretta A27**: Matilda II modificato con un cannone Ordnance QF da 6 libbre in una torretta A27. È stato prodotto solo un prototipo.
- **(Prototipo) Matilda II "Black Prince"**: un prototipo radiocomandato progettato per individuare posizioni di cannoni anticarro.

URSS:

- **Modifica sul campo del Matilda Mark III con cannone ZiS-5 da 76 mm**: un Matilda Mk. III fornito all'URSS fu convertito con un cannone ZiS-5 da 76,2 mm, ma questa modifica si rivelò infruttuosa a causa delle limitazioni di spazio.

Australia:

- **Matilda Frog**: un carro lanciafiamme Matilda camuffato per assomigliare a un carro armato normale. Equipaggiato con un lanciafiamme al posto del cannone principale, questi carri furono attivi nel Borneo e furono considerati efficaci.
- **Murray e Murray FT**: simili al Frog ma con un serbatoio carburante della torretta più grande, usavano la cordite invece dell'aria compressa come propellente del lanciafiamme. Non entrarono mai in azione.
- **Matilda Tank-Dozer**: un carro bulldozer con una lama bulldozer azionata idraulicamente, utilizzato principalmente per rimuovere ostacoli stradali e aree boschive.
- **Matilda Hedgehog**: conosciuto ufficialmente come "Matilda Projector, Hedgehog, No. 1 Mark I", questa variante presentava un mortaio spigot a 7 camere Hedgehog in una scatola corazzata sulla parte posteriore dello scafo. Il mortaio veniva utilizzato per bombardare i bunker nemici e fu dichiarato un completo successo durante i test, ma non fu utilizzato operativamente prima della fine della guerra. Queste diverse modifiche e derivati hanno dimostrato la versatilità del telaio Matilda per ruoli specializzati e requisiti bellici specifici.

▲ Matilda II CS in dotazione all'armata rossa e oggi conservato nel museo di Kubinka in Russia.

▲ Matilda lanciafiamme Frog. Estremo oriente 1944

▲ Carro Matilda II in versione sminatore nel deserto africano.
▼ Altra versione di Carro Matilda II in versione sminatore.

▲ Matilda II Bulldozer numero 6940 ('Minstrel') mostra tutta la sua potenza a Morotai, Indonesia 9 giugno1945 – Courtesy by Australian War Memorial.

▼ Un altro Matilda Bullzdozer conservato in un museo a Cairn.

MATILDA II MK IV VERSIONE SMINATORE - DESERTO NORD-AFRICANO, 1943

SCHEDA TECNICA	
	Matilda II
Lunghezza	5720 mm
Larghezza	2510 mm
Altezza	2610 mm
Data entrata in servzio/uscita	1938/1944
Peso in ordine di combattimento	27 tonnellate
Equipaggio	4 (comandante, autista, servente e cannoniere)
Motore	2x Leyland E148 & E149 6-cylinder diesel 95 hp engine
Velocità massima	24 km/h su strada 13 km/h fuori strada
Autonomia	112 km su strada, 80 fuori strada
Pendenza massima	27
Spessore corazza	Da 15 a 78 mm
Armamento	2-Pdr QF (40 mm/1.575 in), 94 colpi disponibili a bordo Besa 7.92 mm machine-gun, 2925 colpi disponibili a bordo
Produzione	2987 esemplari

▼ Matilda II standard nei primi anni 1939-40.

MATILDA II VERSIONE BULLDOZER 1ª BRIGATA CORAZZATA - BALIKPAPAN (INDONESIA), 1945

▲ Matilda II versione "Hedgehog" dell'esercito australiano che sta caricando i proiettili nel lanciatore.

▼ Altra immagine di carro Matilda versione "Hedgehog" dell'esercito australiano con lanciatore plurimo posto sul retro del carro. Si tratta del famoso Bull Pup il cui profilo è a pag. 56.

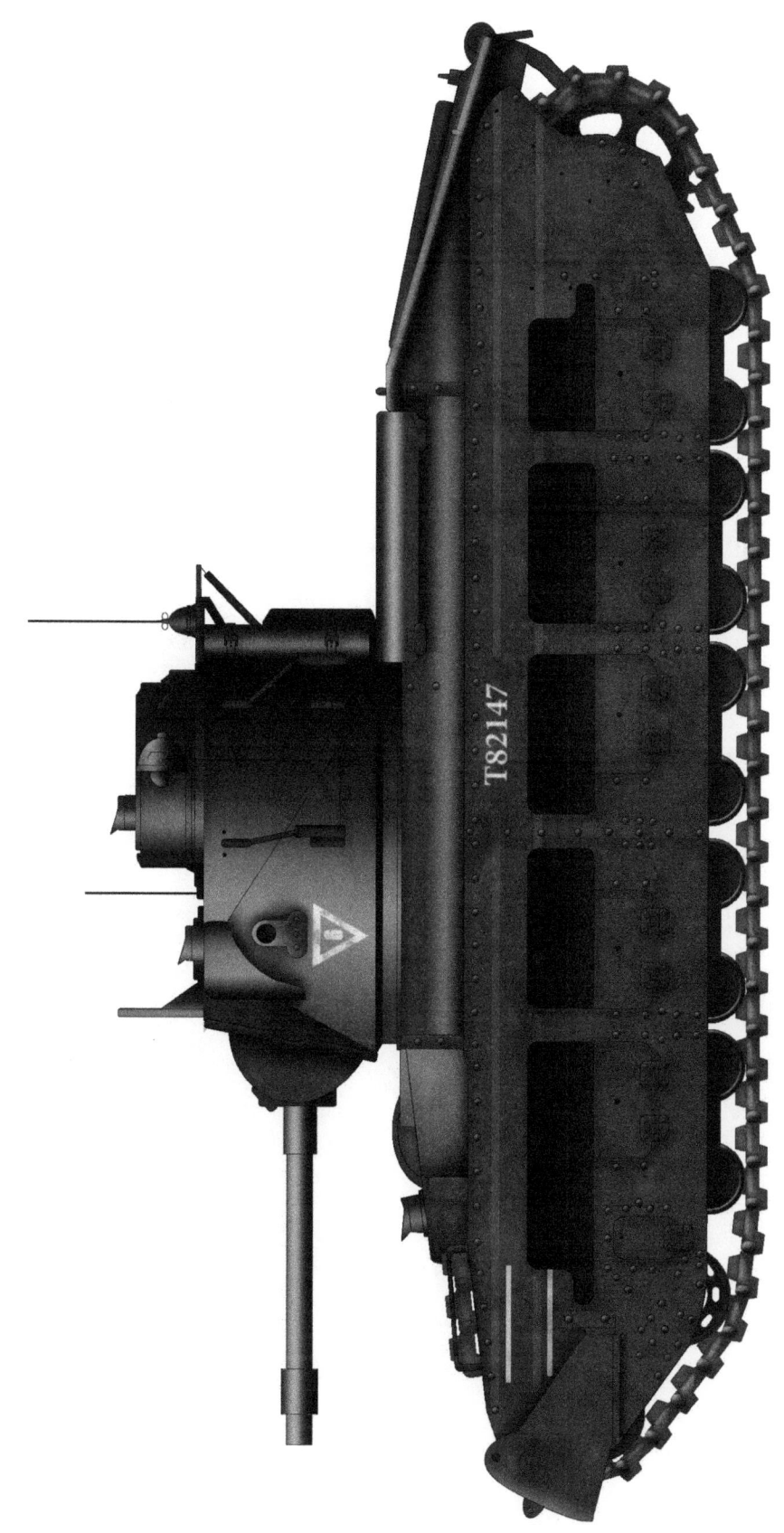

MATILDA II VERSIONE LANCIAFIAMME 1ST AUSTRALIAN ARMY - BORNEO, GIUGNO 1945

MATILDA II "BULL-PUP" VERSIONE "HEDGEHOG" AUSTRALIAN ARMY - ESTREMO ORIENTE, 1945

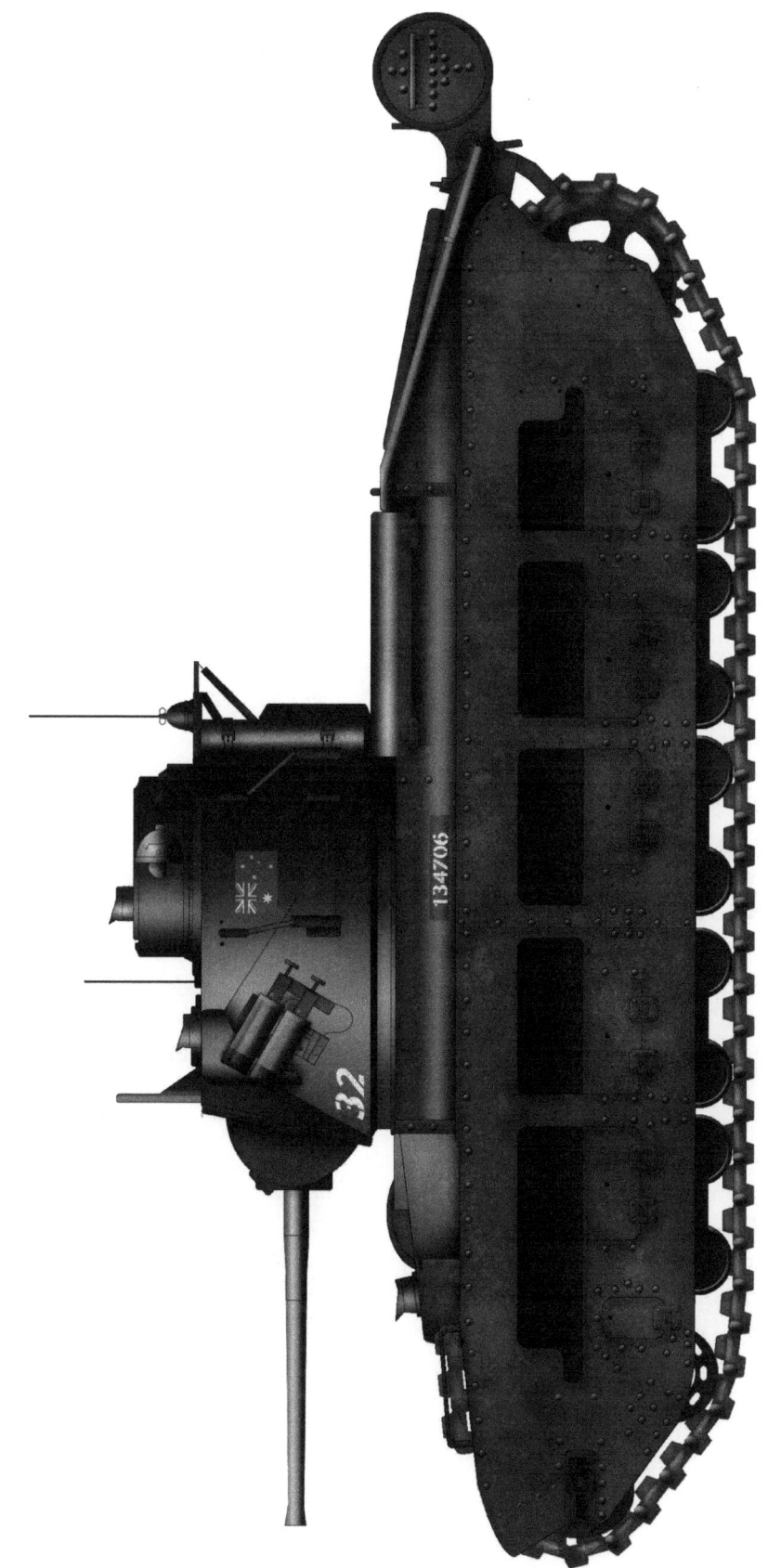

MATILDA II AUSTRALIAN 2 9ᵀᴴ ARMOURED REG. - BATTAGLIA DI TARAKAN, BORNEO 1945

BIBLIOGRAFIA

- Tim Bean, Fowler, Will, *Russian Tanks of World War II Stalin's armoured might*, Ian Allen publishing, 2002, ISBN 0-7110-2898-2.
- David Fletcher e Peter Sarson, *Matilda Infantry Tank 1938–45 (New Vanguard 8)*, Oxford, Osprey Publishing, 1994, ISBN 1-85532-457-1.
- Thomas L. Jentz, *Tank Combat in North Africa: The Opening Rounds, Operations Sonnenblume, Brevity, Skorpion and Battleaxe, February 1941 - June 1941*, Schiffer Publishing Ltd, 1998, ISBN 0-7643-0226-4..
- *Britain's Matilda tanks, su WWII Vehicles, Tanks and Airplanes.*
- Boyd, David, *Matilda Mk II Infantry Tank (A.12)*, su WWII Equipment, 31 dicembre 2008.
- Chamberlain, Peter; Ellis, Chris (1981), *British And American Tanks Of World War II (Second US ed.)*, Arco, ISBN 0-668-04304-0
- Fletcher, David (1989). *The Great Tank Scandal: British Armour in the Second World War - Part 1*. HMSO. ISBN 978-0-11-290460-1.
- Hill, Alexander (2007). "British Lend Lease Aid and the Soviet War Effort, June 1941 – June 1942". The Journal of Military History.
- Kiński, Andrzej (2002). "Czołg piechoty A 12 Matilda cz. 1" [Infantry tank A 12 Matilda pt. 1]. Nowa Technika Wojskowa [New Military Technology] (in Polish)
- Kiński, Andrzej (2002). "Czołg piechoty A 12 Matilda cz. 2" [Infantry tank A 12 Matilda pt. 2]. Nowa Technika Wojskowa [New Military Technology] (in Polish)
- Murphy, W. E. (1961). Fairbrother, M. C. (ed.). *The Relief of Tobruk. Official History of New Zealand in the Second World War 1939–45* War History Branch.
- Orpen, Neil (1971). *War in the Desert*. Cape Town: Purnell. ISBN 978-0-360-00151-0.
- Pejčoch, Ivo; Pejs, Ondřej (2005). *Obrněná technika 6: Střední Evropa 1919–1945 (II. část)* [Armoured Vehicles 6: Central Europe 1919–1945 (Part 2)] (in Czech).
- Perrett, Bryan (1973). *The Matilda. Armour in Action*. Ian Allan. ISBN 0-7110-0405-6.
- Sebag-Montefiore, Hugh (2006). *Dunkirk: Fight to the Last Man*. Cambridge, MA: Harvard University Press.
- Tucker-Jones, Anthony (2007). *Hitler's Great Panzer Heist*. Pen and Sword Military. ISBN 978-1-84415-548-4.
- "Britain's Matilda tanks". WWII Vehicles, Tanks and Airplanes. Archived from the original on 24 March 2019.
- Anusz Ledwoch: *Tank Power vol. XLII, Matilda, Militaria 267*. Warszawa: Wydawnictwo Militaria, 2007. ISBN 978-83-7219-267-7.
- Tymoteusz Pawłowski. *Czołgi brytyjskie w Armii Czerwonej*. „Technika Wojskowa Historia". Nr 4 (22), s. 64–77, 2013. ISSN 2080-9743.
- Sears S.W., *World War II: Desert War*, New Word City, ISBN 978-1-61230-792-3.
- Jacek Solarz: *Tank Power vol. LXI, Matilda 1939 – 1945, Militaria 290*. Warszawa: Wydawnictwo Militaria, 2008. ISBN 978-83-7219-291-2.
- Stockings C., Bardia: *Myth, Reality and the Heirs of Anzac*, UNSW Press, 2009.

TITOLI GIÀ PUBBLICATI

ALL BOOKS IN THE SERIES ARE PRINTED IN ITALIAN AND ENGLISH

VISITA IL NOSTRO SITO PER AVERE MAGGIORI INFORMAZIONI SU THE WEAPONS ENCYCLOPAEDIA:

https://soldiershop.com/collane/libri/the-weapons-encyclopaedia/

TWE-016 IT

www.ingramcontent.com/pod-product-compliance
Lightning Source LLC
LaVergne TN
LVHW072121060526
838201LV00068B/4937